ŒUVRE

DE LA

RÉGÉNÉRATION DE L'AFRIQUE

PAR L'AFRIQUE ELLE-MÊME

EXPOSÉE PAR

M. L'Abbé DANIEL COMBONI

MISSIONNAIRE APOSTOLIQUE DE L'AFRIQUE CENTRALE

Supérieur des Instituts des Nègres en Égypte

S'ADRESSER A PARIS

A M. LE BARON DU HAVELT

RUE DES SAINTS-PÈRES, 22

A M. L'ABBÉ DE VALETTE, CHANOINE DE N.-D. DE PARIS

Rue Rollin, 7

A M. L'ABBÉ CLOQUET, MISSIONNAIRE APOSTOLIQUE

RUE DE LA FAISANDERIE, 23

1868

ŒUVRE

DE LA

RÉGÉNÉRATION DE L'AFRIQUE

PAR L'AFRIQUE ELLE-MÊME.

EXPOSÉE PAR

M. l'Abbé DANIEL COMBONI

MISSIONNAIRE APOSTOLIQUE DE L'AFRIQUE CENTRALE

Supérieur des Instituts des Nègres en Égypte

S'ADRESSER A PARIS

A M. LE BARON DU HAVELT

RUE DES SAINTS-PÈRES, 22

A M. L'ABBÉ DE VALETTE, CHANOINE DE N.-D. DE PARIS

Rue Rollin, 7

A M. L'ABBÉ CLOQUET, MISSIONNAIRE APOSTOLIQUE

RUE DE LA FAISANDERIE, 23

1868

AVANT-PROPOS.

La Religion de Jésus-Christ, qui est la source du salut pour les âmes et le fondement de la civilisation pour les peuples, ne s'est jamais établie d'une manière stable parmi les tribus sauvages de l'Afrique centrale, malgré les tentatives courageuses et réitérées qui ont été faites durant dix-huit siècles. Cent millions d'infortunés descendants d'Adam, qui appartiennent en très-grande majorité à la race nègre, vivent dans les ténèbres de la mort.

Grâce à la puissance surnaturelle de l'Évangile, l'Europe a été arrachée au joug abominable du paganisme : elle est destinée à civiliser l'univers entier. Elle doit s'animer d'une nouvelle énergie pour éclairer et sauver l'Afrique, plus malheureuse, plus infortunée que toute autre partie du monde : il faut l'attirer dans le bercail du divin Pasteur.

Tel est le but que se propose l'*Œuvre de la Régénération de l'Afrique par l'Afrique elle-même*, exposée dans une brochure sortie des presses de la Propagande de Rome, que nous reproduisons aujourd'hui.

Sa Grandeur Mgr Louis, marquis de Canossa, évêque de Vérone, est le Président général de cette Œuvre.

M. l'abbé Daniel Comboni, missionnaire apostolique de l'Afrique centrale, est son Représentant.

Jusqu'à ce moment, parmi les moyens d'atteindre ce but, l'*OEuvre de la Régénération de l'Afrique par l'Afrique elle-même* comprend :

En Europe :

I. L'*Association du Bon Pasteur*, érigée canoniquement à Vérone par S. G. Mgr Louis, marquis de Canossa, qui en est le Président. S. S. Pie IX l'a enrichie d'indulgences plénières.

Elle a pour fin de recueillir des aumônes. Ces aumônes servent à soutenir et multiplier en Europe des institutions qui doivent préparer les éléments pour les missions de l'Afrique, tels que : établissements d'éducation des missionnaires, congrégations de femmes pour former des coopératrices dévouées, maisons pour préparer des catéchistes et des ouvriers.

II. Un *Séminaire* pour les Missions de l'Afrique centrale, fondé à Vérone.

En Egypte :

I. Un *Institut pour l'éducation des jeunes nègres*, fondé au Caire et dirigé par les prêtres du susdit Séminaire.

II. Un *Institut où l'on forme des négresses* à remplir les fonctions d'institutrices, confié aux Sœurs de Saint-Joseph de l'Apparition.

Ces deux Instituts sont placés sous la juridiction de l'éminent archevêque d'Irénopolis, Mgr Louis Ciurcia, Vicaire et Délégué apostolique de l'Égypte.

Les bienfaiteurs de cette grande Œuvre participent au mérite de tous les travaux des missionnaires et catéchistes. On prie spécialement pour eux dans les susdits Instituts, et chaque semaine on y acquitte une messe pour les bienfaiteurs vivants et défunts.

RÉGÉNÉRATION DE L'AFRIQUE

PAR L'AFRIQUE ELLE-MÊME.

D'épaisses ténèbres couvrent encore de nos jours la vaste étendue de l'Afrique centrale. Plusieurs fois, des tentatives ont été faites, soit par des particuliers, soit par des gouvernements, pour déchirer ce voile mystérieux, en transportant dans la péninsule africaine une étincelle de la civilisation dont se glorifie en Europe la société moderne; mais, en face des barrières insurmontables par lesquelles la Providence semble avoir voulu séparer ce sol inhospitalier du reste du monde entier, tous ces efforts ont été vains, et les plus grands sacrifices n'ont amené aucun bon résultat. On avait voulu forcer cette terre, vierge encore, à nous faire part de ses inappréciables productions et des richesses immenses qu'elle recèle dans son sein ; mais des dangers de toute sorte, des écueils innombrables ont accueilli les magnanimes auteurs de ces entreprises, lesquels, après avoir épuisé toutes leurs ressources, ont fini par se livrer au découragement.

1.

Le catholique, habitué à juger des choses par les lumières qui lui viennent d'en haut, considère l'Afrique, non point à travers le prisme des intérêts humains, mais aux pures clartés de la foi. Il découvre, dans ces contrées, un nombre infini de frères appartenant à sa propre famille, ayant un Père commun dans le Ciel, des hommes courbés sous le joug de Satan et placés sur le bord du plus affreux précipice. Transporté alors par un mouvement de cette charité ineffable qui, ayant sa source sur le sommet du Golgotha, sortit du côté du divin Sauveur pour embrasser dans son expansion toute la famille humaine, il sent redoubler les battements de son cœur, et il lui semble qu'une impulsion céleste le pousse vers ces régions barbares pour y étreindre entre ses bras les malheureux sur lesquels pèse encore la malédiction de Chanaan, et pour leur donner à tous le baiser de paix et d'amour.

Sans parler ici des diverses sociétés ecclésiastiques et des ordres religieux, qui, dans les siècles passés, ont, à la voix du vicaire de Jésus-Christ et suivis par les prières des fidèles, pris la voie du désert, et se sont engagés dans les contrées habitées par les nègres pour y arborer l'étendard de la croix, nous dirons que S. S. Grégoire XVI, de vénérable mémoire, fondait, vers la fin de son Pontificat, le vicariat apostolique de l'Afrique centrale, le plus vaste du monde, puisqu'il est presque deux fois plus grand que toute l'Europe. Pie IX, glorieusement régnant, n'a pas été moins empressé à favoriser les œuvres sublimes de l'Apostolat; S. S. a non-seulement confirmé les décrets de son prédécesseur, mais envoyé des missionnaires qui, remontant le cours du Nil, arrivèrent, en 1848, dans cette nouvelle mission, et pénétrèrent jusqu'au 2e degré de latitude nord. Au prix d'immenses fatigues, trois fils de saint Ignace, unis à plusieurs dignes prêtres venus de l'Allemagne, de l'Autriche, de la Bavière, et surtout du Tyrol autrichien, parvinrent à fonder sur les bords du Nil, entre le tropique du Cancer et l'Equateur, quatre stations très-importantes. Ils leur assignèrent, pour centre de leurs communications, Khartoum, métropole du Soudan égyptien, que sa position géographique et les conditions politiques de son gouvernement destinaient à être le point d'appui le plus avancé des Européens dans ces lointaines contrées.

L'Institut, fondé à Vérone par le très-digne abbé Nicolas Mazza, dont la mémoire sera toujours en bénédiction dans l'Eglise de Jésus-Christ, voulut aussi apporter l'obole de sa charité à nos frères infortunés; et les noms de quelques-uns de ses membres, ensevelis, victimes de leur zèle, sous les sables de l'Afrique, doit attirer à cette institution la gratitude de tous les cœurs généreux qui aspirent à s'élancer sur leurs traces. Enfin, la famille nombreuse des

Franciscains, toujours disposée, par l'esprit propre de sa sainte vocation, à subir les plus rudes privations de la vie pour aider au triomphe de la foi, a voulu également prendre sa part de labeurs dans cette vigne inculte et désolée. Mais il faut avouer, pourtant, que si les pénibles travaux de tous ces valeureux champions du Christ ont atteint l'extrême limite du sacrifice et du dévouement, ils n'ont point eu le résultat que l'on pouvait en espérer. De même que le vent a effacé la trace de leurs pas dans les sables du désert, ainsi les faibles germes de vertus qu'ils ont semé dans les cœurs, et arrosés de leur sang, auront sans doute été dévorés par le souffle des passions ardentes des féroces habitants de la Nigritie.

Nous avons fait nous-même partie de ces expéditions apostoliques et nous sommes du petit nombre de ceux qui, sur une centaine et plus, ont pu, grâces à Dieu, survivre à un si grand désastre. Nous avons étudié de près et attentivement le naturel, les mœurs, les usages de ces tribus lointaines, et nous avons dû reconnaître que la mission de l'Afrique centrale présente au zèle des ouvriers de l'Evangile 'aspect d'une place bien fortifiée, que l'on ne peut emporter d'assaut, mais dont il faut se régigner à faire le siége. Si donc on veut travailler efficacement à l'évangélisation de ces contrées, jusqu'à présent si funestes aux missionnaires catholiques, il faut absolument changer dorénavant de tactique. On devra exécuter tous les travaux d'un long siége, prendre ses positions, établir ses retranchements, de manière à pouvoir atteindre sûrement le but que l'on se propose.

Une mission quelconque doit avoir, pour offrir des garanties sérieuses de perpétuité, un centre commun d'où découle incessamment la vie qui se répand dans tout l'organisme, dont elle soutient l'existence et facilite le fonctionnement. Ce centre doit pouvoir fournir sans cesse de nouveaux ouvriers pour remplir les vides faits par les rigueurs du climat, par les fatigues et aussi par le martyre.

Pour les missions de l'Asie, de l'Amérique et de l'Océanie, on trouve ordinairement ce centre d'action dans les établissements et séminaires de l'Europe; car, entre l'Europe et ces trois autres parties du monde, il existe certains rapports de caractère et d'habitudes qui les rend susceptibles d'entrer assez facilement en participation de la vie que l'esprit de l'Evangile répand dans le corps de la société moderne. Mais ce centre vivifiant, si indispensable à la création et au maintien des missions étrangères, ne saurait, du sein de l'Europe, exercer son action d'une manière immédiate dès qu'il s'agit de la conversion des nègres de l'Afrique.

L'expérience a démontré que le missionnaire

européen ne résiste point longtemps aux fatigues et à toutes les privations qu'il doit subir sous le climat brûlant de l'Afrique centrale. D'autre part, on a dû se convaincre aussi que le nègre ne peut compléter en Europe son éducation religieuse, de manière à se rendre capable de travailler à son tour, et dans sa patrie, à la propagation de la foi catholique. Il a beaucoup de peine à s'habituer à notre climat, et, s'il y parvient quelquefois, il se trouve, à son retour en Afrique, tout à fait impropre à exercer l'apostolat parmi ses concitoyens, à cause des habitudes qu'il a contractées en Europe. Notre civilisation lui devient nuisible dès qu'il tente de reprendre son premier genre de vie africaine.

Nous avons été nous-même plusieurs fois atteint et presque réduit à l'agonie par les maladies mortelles qui désolent ces contrées. Nous avons été témoin oculaire des ravages qu'a exercés le séjour en Afrique sur la santé de nos plus robustes missionnaires. A peine ceux d'entre eux qui survécurent au voyage du fleuve Blanc, avaient-ils eu le temps d'apprendre la langue de la tribu, au milieu de laquelle ils avaient arboré l'étendard de la foi, que déjà ils succombaient tout à coup sans que l'œuvre de la conversion des nègres eût pu retirer le moindre profit de leurs travaux, et c'est à cause de cet holocauste continuel des apôtres qui leur ont été envoyés, que ces peuples infortunés gémissent encore aujourd'hui sous le joug du plus dégradant fétichisme.

La Propagande de Rome connaît tous les efforts tentés successivement en Europe pour l'éducation religieuse de la race éthiopienne, et serait en mesure de confirmer la vérité de nos assertions sur l'inefficacité et l'inopportunité de la création d'un clergé indigène, formé dans nos contrées et destiné à évangéliser le centre de l'Afrique.

Douloureusement affectée du triste résultat de toutes ces tentatives infructueuses, la Sacrée Congrégation de la Propagande aurait été réduite à la dure nécessité d'abandonner l'importante mission de l'Afrique centrale, si elle n'avait pu trouver, enfin, un moyen opportun pour arriver à la conversion des nègres.

Il est certain que tout catholique, embrasé de la charité de Jésus-Christ, s'attriste et se désole en pensant à ces milliers d'âmes, encore plongées dans les ténèbres de l'infidélité, et qui sont assurément les plus malheureuses, les plus délaissées du monde entier. Préoccupé nous-même de ces pensées, nous nous sommes dit : « *Ne pourrait-on pas conquérir à la foi tous ces peuples de la Nigritie en plaçant le centre d'action des missionnaires dans des régions où l'Africain et l'Européen peuvent également vivre et travailler sans péril pour leurs jours ? En un mot, ne peut-on pas arriver à convertir l'Afrique par l'Afrique elle-même ?* »

C'est là précisément ce que nous voulons réaliser : et il nous semble que le seul programme à suivre pour atteindre ce grand but, vers lequel se sont dirigés les efforts de notre vie entière, se résume dans ces mots que nous avons adoptés pour devise : *La régénération de l'Afrique par l'Afrique elle-même.* Le sentiment de notre peu de valeur nous a fait redouter, il est vrai, de proposer une solution dans une question qui a épuisé la science et la bonne volonté des plus profonds penseurs; mais nous ressentons dans notre cœur une si vive compassion pour les malheureux enfants de Cham, qui sont aussi nos frères, nous connaissons si bien toute l'étendue de leurs misères, que nous osons compter sur l'indulgence de nos lecteurs pour nous faire pardonner notre hardiesse. Notre plan n'aura peut-être point le mérite, une fois réduit en pratique, d'arriver au but avec cette promptitude qu'on a pu remarquer dans d'autres régions, où les ouvriers de l'Evangile recueillent immédiatement les fruits de leurs sueurs; mais il atteindra infailliblement ce but, et même en peu de temps, s'il plaît à Dieu d'abréger le nombre des jours fixés par sa providence pour la complète réalisation d'une œuvre si importante.

Tous les nègres, tant ceux qui demeurent dans l'intérieur de l'Afrique, que ceux qui sont répandus sur les côtes, ont entre eux des traits frappants de ressemblance, bien qu'ils soient divisés en une infinité de tribus: même naturel, mêmes habitudes, mêmes penchants. C'est ce que savent parfaitement tous ceux qui se sont occupés de leur amélioration. Il nous paraît, en conséquence, que la charité de l'Évangile peut leur appliquer à tous les mêmes remèdes, les mêmes secours, pour les faire participer aux précieux avantages de la foi catholique. Il sera de plus très-opportun, nous dirons même absolument nécessaire, que, parmi tous les moyens que l'on peut mettre en œuvre pour la régénération des nègres, on choisisse de préférence celui qui joint, au mérite de l'unité de conception, une grande simplicité dans son application. Tel sera, croyons-nous, le plan que nous proposons en ce moment, car, bien qu'il soit vaste dans son objet, et difficile dans sa complète réalisation, on peut s'apercevoir cependant qu'il réunit, dans la pratique, l'unité à la simplicité d'exécution.

Ce nouveau plan n'est pas limité par les bornes tracées pour la mission de l'Afrique centrale, qui a si peu réussi jusqu'à ce moment, pour les raisons que nous avons données plus haut; mais il embrasse, en général, toute la race nègre et les diverses contrées de l'Afrique.

Le Saint-Siége n'est point encore parvenu, il est vrai, à établir d'une manière permanente la oi catholique dans les nombreuses tribus de la Nigritie centrale; mais il a pu, cependant, enrichir de ses bienfaits spirituels les îles et les côtes qui entourent la grande péninsule africaine, où ont été fondés treize vicariats apostoliques, neuf préfectures, et douze diocèses plus ou moins florissants. Voici les noms de ces diverses missions :

Au *Nord*, le Vicariat apostolique de l'*Égypte* confié aux PP. Mineurs de l'Observance, celui de *Tunis* confié aux Capucins, et celui du *Sahara* et du *Soudan occidentaux* confié à l'archevêque d'Alger ; les deux Préfectures apostoliques de la *haute Égypte* et de *Tripoli* confiés aux Mineurs Réformés, et celle du *Maroc* administrée par les Mineurs de l'Observance de la province de Saint-Didace en Espagne.

Au *Couchant*, les trois Vicariats apostoliques de *Sénégambie*, de *Sierra-Léone* et de la *Guinée*, confiés aux PP. du Saint-Esprit et du Saint-Cœur de Marie, et celui de *Dahomey*, administré par les prêtres des Missions africaines de Lyon ; les Préfectures apostoliques du *Sénégal* et du *Congo* confiés aux PP. du Saint-Esprit et du Saint-Cœur de Marie, et celle de *Annobon*, *Corisco* et *Fernando-Po* administrée par les Jésuites.

Au *Midi*, les deux Vicariats apostoliques des districts *Oriental* et *Occidental* du *Cap de Bonne-Espérance* confiés aux missionnaires des îles Britanniques, et celui de *Natal*, confié aux Oblats de Marie.

A l'*Est*, le Vicariat apostolique de *Madagascar* confié aux Jésuites, la Préfecture apostolique de

Zanguebar, administrée par les PP. du Saint-Esprit, celle de *Nossibé*, *Sainte-Marie* et *Mayotte* confiée aux Jésuites, et celle des *îles Seychelles*, appartenant aux Capucins de Savoie.

Au *Nord-Est*, le Vicariat apostolique de l'*Abyssinie*, confié aux prêtres de la congrégation de la Mission, et celui de *Gallas* confié aux PP. Capucins de la province de France.

Parmi les Diocèses les plus florissants, on peut citer surtout, sur la côte septentrionale, celui d'*Alger*, sur la côte orientale, celui de *Saint-Louis*, dans l'île Maurice, et celui de *Saint-Denis*, dans l'île Bourbon. Pour arriver à la réalisation de notre plan, on devra tout naturellement avoir recours aux administrateurs des Vicariats, Préfectures et Diocèses déjà établis sur les côtes d'Afrique; car la connaissance qu'ils ont de l'état misérable et des besoins extrêmes des immenses populations de l'intérieur, les portera assurément à soutenir de leur influence, de leur autorité et par leurs bons conseils, la grande œuvre de la régénération de ces infortunés, sur lesquels ne s'est point encore levé le flambeau de la foi.

Le nouveau plan pour la *Régénération de l'Afrique* consiste à créer un nombre convenable d'établissements des deux sexes, que l'on place sur tout le pourtour de l'Afrique, dans les endroits les plus convenables, aussi rapprochés que possible de l'intérieur, et dont le climat puisse convenir également aux Européens et aux indigènes, pourvu qu'on y jouisse d'une sécurité suffisante et qu'on y trouve quelques germes de civilisation.

Ces établissements d'hommes et de femmes, dont chacun fonctionnera d'après ses règles propres et ses constitutions, recevront les enfants nègres des deux sexes, pour les élever dans la foi et la civilisation chrétiennes, et en former comme deux armées qui, s'avançant de proche en proche, finiront par pénétrer jusqu'aux régions les plus reculées de la Nigritie.

On chargera de la direction de ces établissements les Ordres religieux et les congrégations catholiques d'hommes et de femmes approuvées par le Saint-Siége, ou reconnues ou autorisées par la Propagande, dont on sollicitera le consentement ainsi que la coopération volontaire des supérieurs généraux de ces Ordres et congrégations.

Ces établissements seront placés sous la juridiction des Vicaires et Préfets apostoliques déjà existants sur les côtes d'Afrique, ou de ceux que la Propagande jugera à propos d'y créer encore, à mesure que le nouveau plan commencera à produire d'heureux fruits.

Chacun des chefs de ces établissements gouvernera ses élèves d'après les règles et l'esprit de sa propre congrégation, mais en se conformant aux besoins spéciaux de l'Afrique intérieure. Ces directeurs devront au reste, tout en administrant sagement les établissements de nègres et de négresses, ne point négliger de travailler au bien du pays même où leur maison sera fondée.

Pour former des corps de missionnaires européens, chargés de diriger les établissements d'Afrique dans les conditions que nous venons d'indiquer, et d'entreprendre de nouvelles missions chez les nègres, on fondera en Europe des séminaires pour les missions africaines, afin d'ouvrir la voie de l'apostolat en Afrique à tous les ecclésiastiques séculiers des nations catholiques, qui se sentent appelés par Dieu à cette sublime mission.

On laissera, avons-nous dit, à chaque Ordre et congrégation la liberté d'élever les indigènes d'après ses propres idées et ses tendances particulières; mais, néanmoins, il nous semble que tous ceux qui seront préposés à l'éducation des naturels de l'Afrique devront se proposer avant tout de répandre et d'établir solidement dans l'âme de leurs élèves l'esprit de Jésus-Christ, la pureté des mœurs, la constance dans la foi, les maximes de la morale chrétienne, la connaissance du catéchisme catholique et les premiers rudiments des sciences humaines, indispensables au commerce de la vie. En outre, tous les jeunes gens recevront une connaissance pratique de l'agriculture et de quelques-uns des arts de première nécessité. Les jeunes filles seront formées, de leur côté, aux travaux les plus convenables à leur sexe et les plus nécessaires dans leur position, afin que les uns deviennent des hommes honnêtes et vertueux, actifs, utiles à eux-mêmes et aux autres; tandis que les jeunes personnes deviendront des femmes pourvues également des vertus convenables à leur sexe et d'excellentes mères de famille. Nous sommes, au reste, bien persuadé que cette application constante des membres de ces établissements d'Afrique à un travail sérieux et assidu produira le plus heureux effet sur l'esprit des sujets de la race nègre, qui sont tous portés outre mesure à la paresse et à l'inaction.

Dès qu'on aura achevé, dans les établissements, l'éducation des enfants de l'un et de l'autre sexe, et qu'ils cesseront d'être sous l'autorité immédiate des directeurs, ceux-ci devront encore, autant que possible, les couvrir de leur patronage, les aider de leurs avis et de leurs bons conseils, afin qu'ils puissent conserver toujours intacts les bons principes de religion et de morale gravés dans leurs âmes par leurs premiers maîtres.

Ces établissements, semés tout autour de la péninsule, formeront de nombreuses corporations d'hommes et de femmes, destinées à s'implanter graduellement dans les régions de l'Afrique centrale, pour y établir de nouvelles stations, d'où rayonnera la lumière de la religion et de la civilisation.

La corporation des jeunes nègres, formée des individus que l'on aura jugés les plus capables de coopérer à la grande œuvre, comprendra :

1° Des catéchistes qui auront reçu une connaissance plus étendue des sciences sacrées.

2° Des maîtres instruits, autant que possible, dans les sciences de première nécessité, les plus convenables aux habitants de l'intérieur de l'Afrique.

3° Des ouvriers et artisans à qui l'on donnera la connaissance pratique des arts et des métiers les plus utiles dans les régions du centre de la péninsule. Ils formeront d'habiles et vertueux agriculteurs, des chirurgiens, des infirmiers, des menuisiers, des tailleurs, des tanneurs, des serruriers, des maçons, des cordonniers, etc. Cette corporation des ouvriers formera en outre d'honnêtes marchands qui exerceront le commerce des articles nationaux et étrangers les plus nécessaires aux divers besoins de la vie, pour ouvrir peu à peu dans l'intérieur des terres une source de prospérité qui relève les peuples de la Nigritie, de leur état actuel de langueur et d'abjection, jusqu'à la condition des peuples civilisés. Ces éléments de l'industrie indigène pourront, sans doute, fournir plus tard les moyens matériels propres à maintenir le développement des missions catholiques dans l'Afrique centrale.

La corporation des jeunes négresses, formée également des sujets les plus propres à faire atteindre le but que l'on se propose, comprendra :

1° Des institutrices aussi instruites qu'il sera possible sur la religion et la morale chrétiennes, afin qu'elles puissent en répandre les maximes et la pratique chez des femmes dont la position est si dégradée, et de qui dépend en grande partie, comme chez nous, la régénération de la grande famille des nègres.

2° Des maîtresses, de bonnes ménagères qui apprendront aux jeunes filles à lire, à écrire, à tenir les comptes, à filer, à coudre, à tisser, à soigner les malades, à exercer, en un mot, tous les arts et les professions propres aux femmes, et les plus utiles aux habitants de la Nigritie.

Dès qu'on aura transporté dans l'intérieur de l'Afrique les élèves des divers établissements formés aux frontières, chaque individu pourra embrasser le genre de vie pour lequel il se sent le plus d'inclination, tout en aidant à propager la connaissance de notre religion et à introduire l'usage de l'agriculture dans ces contrées encore vierges, qui appartiennent au premier occupant.

Dans la classe des catéchistes, formée de la réunion des jeunes nègres, on choisira les sujets les plus distingués par leur piété et leur savoir, qui paraîtront avoir des dispositions pour le sacerdoce, et on les destinera à l'exercice du saint ministère. Mais, en instituant cette section privilégiée, on aura soin d'exclure des études cette multiplicité des matières à laquelle on assujettit les élèves des séminaires d'Europe. On limitera leur instruction aux notions théologiques et scientifiques les plus nécessaires et qui suffiront aux besoins de ces contrées; et, comme le développement physique et intellectuel des indigènes de l'Afrique est fort précoce, nous pensons qu'au lieu de douze ans et plus, que l'on consacre à l'instruction de nos jeunes gens, on pourra limiter ce temps à huit ans, et même à six, selon qu'on l'aura cru plus opportun. Toutefois, l'inconstance et la mollesse étant les défauts habituels des individus de la race nègre, on devra procéder avec la plus grande prudence dans le choix des aspirants au sacerdoce, et dans la fixation du temps auquel ils seront promus aux ordres sacrés; nous sommes pleinement convaincu qu'on devra établir pour règle invariable de ne les ordonner que lorsqu'ils auront fourni, pendant plusieurs années, des marques suffisantes de leur constance dans les principes de la foi, et à la condition expresse qu'ils auront observé jusque-là, dans les diverses stations de la Nigritie, le plus complet célibat. Nous sommes persuadé, en outre, qu'on devra user de la même circonspection pour recevoir les indigènes dans quelque Ordre religieux que ce soit.

Parmi les jeunes négresses qui ne voudraient pas se marier, on choisira également la section des Filles de la charité formée des sujets es plus distingués par leur piété, et par l'instruction pratique qu'elles ont pu acquérir du catéchisme, des langues et des travaux qui conviennent aux femmes. Cette section privilégiée constituera l'élite des personnes du sexe, et sera destinée à diriger les écoles de jeunes filles, à remplir les fonctions les plus importantes de la charité chrétienne, en un mot, à exercer l'important ministère de la femme catholique parmi les tribus sauvages de la Nigritie.

C'est ainsi que l'on pourra, grâce à l'action très-importante du clergé indigène, secondée par les efforts des catéchistes, des maîtres, des artisans, des institutrices et des bonnes ménagères, former peu à peu de nombreuses familles catholiques, et ensuite des sociétés chrétiennes pleines d'avenir; on verra par là notre sainte religion étendre son influence salutaire sur la race éthiopienne, et ranger graduellement sous sa douce loi la vaste étendue des contrées encore inexplorées de l'Afrique intérieure.

Comme l'expérience a démontré que l'Européen, bien qu'il ne puisse sans danger prolonger indéfiniment son séjour dans l'intérieur de la péninsule africaine, peut, cependant, sans trop de périls pour sa santé, y séjourner provisoirement, on aura soin de confier aux missionnaires d'Europe les fondations des missions et chrétientés qu'on établira successivement et avec le consentement des Vicaires et Préfets apostoliques dans les contrées du centre ; et chaque année, ou du moins tous les deux ans, les missionnaires, chargés du gouvernement des missions centrales, devront changer entre eux de poste et de séjour, jusqu'à ce que l'expérience ait démontré clairement qu'on peut, sans crainte aucune, confier aux prêtres ou aux catéchistes indigènes parfaitement éprouvés la direction habituelle des stations et des chrétientés de l'intérieur, fondées et gouvernées d'abord par les missionnaires européens.

D'autre part, comme les statistiques des missions africaines ont démontré que la femme venue d'Europe peut résister plus longtemps que le missionnaire européen à l'insalubrité du climat d'Afrique, à cause de la nature de sa constitution physique, de ses qualités morales et de ses habitudes domestiques et sociales, on pourra, d'après l'avis des Vicaires et Préfets apostoliques, appeler de l'Europe différentes congrégations religieuses de femmes qu'on établirait dans les contrées les moins insalubres de l'intérieur de l'Afrique, afin de faire servir à la régénération de la grande famille des nègres le merveilleux dévouement de la femme catholique pour tout ce qui est bien.

L'inconstance et la mobilité d'esprit formant le fond du caractère des nègres, la Sacrée-Congrégation de la Propagande devra, croyons-nous, ordonner aux Vicaires et Préfets apostoliques de l'Afrique de faire exécuter de fréquentes visites dans les missions et chrétientés établies dans l'intérieur, afin de corriger, de confirmer ou d'améliorer, l'état du catholicisme dans ces périlleuses contrées où trop souvent un vil égoïsme, ou la fureur du fanatisme aveugle gâte et corrompt l'œuvre du sacerdoce chrétien. Le climat, les mœurs et plusieurs autres circonstances spéciales contribuent aussi à y affaiblir le corps et l'esprit et à y énerver la discipline ecclésiastique au grand détriment de la foi. On députera des missionnaires européens pour accomplir ces importantes visites desquelles résultera assurément le plus grand bien.

Si, dans la section des missionnaires indigènes, on trouvait des sujets plus intelligents, capables de devenir d'habiles chefs de missions ou de chrétientés, la société chargée de l'exécution du nouveau plan, devrait, pour mettre à profit leurs talents, fonder de petites universités théologiques et scientifiques, qu'on placerait sur les points les plus importants des côtes d'Afrique, comme, par exemple, à Alger, au Grand-Caire, à Saint-Denis (île de la Réunion) et dans quelques villes de la côte occidentale.

A côté de ces universités, et sur quelques

autres points encore des îles et des côtes, on établirait des écoles professionnelles, où les jeunes nègres, tirés de la corporation des artisans et reconnus capables de recevoir une instruction plus développée, iraient perfectionner leurs connaissances, afin que l'introduction des arts dans la Nigritie pût, tout en améliorant le sort matériel des nombreuses tribus qui l'habitent, fournir encore aux missionnaires des moyens de plus en plus faciles pour y introduire et enraciner solidement la foi chrétienne.

Pour réaliser et faire exécuter le nouveau plan, on devra établir, dans une des capitales de l'Europe, un comité d'hommes d'action, également distingués par les qualités de l'esprit et par celles du cœur. Il sera placé sous le patronage de *Marie Immaculée et de saint Paul Apôtre des Gentils.*

Ce comité aura pour mission spéciale de déployer et de faire agir, au profit de l'Afrique, toutes les forces vives du catholicisme. Ses attributions seront :

1° De correspondre avec la S. C. de la Propagande pour chacune des entreprises les plus importantes de la nouvelle société.

2° De correspondre avec les supérieurs généraux des Ordres et Congrégations d'hommes et de femmes pour le choix du personnel nécessaire à la fondation des établissements d'Afrique, ou à l'érection de nouveaux vicariats ou préfectures apostoliques dans l'Afrique centrale.

3° De s'entendre avec l'Œuvre de la Propagation de la Foi et autres assocations pieuses, pour procurer les ressources matérielles nécessaires aux missions et établissements, qui se fonderaient sur a terre d'Afrique avec l'autorisation de la S. C. de la Propagande.

4° De procurer les moyens pécuniaires nécessaires à la fondation et au soutien des œuvres d'Europe chargées de préparer les éléments des missions d'Afrique.

5° De fonder peu à peu pour les missions africaines des petits séminair es dans les centres es plus favorables, chez les diverses nations catholiques, afin d'ouvrir la voie de l'apostolat d'Afrique à tous les sujets du clergé séculier qui se sentent appelés à ce genre de ministère. Le comité devra aussi fonder successivement des établissements industriels, pour y former de bons ouvriers, et pour introduire en Afrique l'enseignement de tous les arts d'utilité publique.

6° Dès que le comité pourra disposer d'un personnel suffisant pour la fondation d'un établissement ou d'autres œuvres pieuses relatives à la diffusi on de l'Évangile en Afrique, il devra s'adresser aux associations pieuses et surtout à la Propagation de la Foi, pour assurer à ces œuvres les secours matériels qui pourront en procurer le succès; mais il consultera à cet égard l'Em. cardinal préfet général de la Propagande, et aura aussi recours au Vicaire ou Préfet Apostolique, dans le territoire et sous la juridiction duquel se trouverait compris le nouvel établissement, afin d'en obtenir toutes les autorisations nécessaires.

7° Le comité correspondra directement avec les Vicaires et Préfets Apostoliques de toutes les missions d'Afrique, pour avoir des documents suffisants sur la topographie des lieux, sur l'histoire et les mœurs des peuplades de l'Afrique, sur les résultats pratiques du ministère apostolique, etc., afin qu'on puisse préparer mieux tous les éléments favorables au développement du catholicisme dans ces contrées.

8° Enfin, les membres du comité, étudiant et mettant en œuvre les moyens les plus propres à réaliser le nouveau plan, feront surgir et fonctionner tous les éléments catholiques qui manquent encore pour la régénération des nègres, et donneront une impulsion nouvelle à ceux qui existent déjà. Ce développement des forces du catholicisme fera naître, au profit de l'Afrique, de nouvelles idées, de nouvelles lumières, des institutions toujours mieux adaptées à ses besoins, des plans mieux conçus, et rendra plus efficace l'exercice du ministère apostolique dans ces vastes régions si peu connues de l'Afrique.

Tel est notre plan qui présente, comme nous l'avons fait entrevoir, l'aspect d'une armée, entreprenant en règle le siége de la forteresse formidable de la Nigritie. Puisque les expéditions plusieurs fois renouvelées n'ont pu la prendre d'assaut, et n'ont eu pour résultat que le sacrifice des vaillants soldats de la Croix, nous croyons qu'il faut changer de tactique, et en venir aux travaux plus lents, mais plus sûrs d'un siége : nos établissements fondés tout autour de la grande péninsule africaine en seraient les parallèles et les approches.

Nous espérons fermement que l'Œuvre de *la Régénération de l'Afrique*, qui a été si favorablement accueillie par une infinité d'Evêques et de Supérieurs de missions, obtiendra l'assentiment et la coopération de toutes les pieuses institutions qui, jusqu'à ce moment, ont travaillé à la conversion de la race éthiopienne; nous osons encore compter sur l'appui et le secours des œuvres établies pour fournir aux besoins pécuniaires et matériels des missions des autres parties du monde. Enfin, nous sommes persuadé que les qualités éminemment pratiques de notre plan, qui déjà ont réjoui le cœur de notre immortel

Pontife Pie IX, obtiendront la faveur et l'appui des catholiques du monde entier.

Nous espérons que la sainte Eglise, écho du Verbe Eternel à travers les siècles, l'Eglise, qui est destinée à étendre son empire sur toutes les nations du monde, pourra enfin abriter sous son manteau glorieux ces contrées encore infidèles, qui lui ont été données aussi en héritage. De toutes les parties du monde, ses généreux enfants accourront pleins d'ardeur et de zèle, pour faire pénétrer la civilisation chrétienne dans les tribus errantes de l'Afrique centrale qui, depuis plus de quarante siècles, attendent en vain quelques rayons de la vraie lumière. Les apôtres destinés à cette grande conquête ne rapporteront point, il est vrai, en Europe, les dépouilles des vaincus, mais ils donneront à ceux-ci, avec le baptême, le trésor inestimable de la foi, des bonnes mœurs et de la civilisation. Ils ne subjugueront point ces peuples à la façon des conquérants humains; mais, comme le divin Pasteur, ils arracheront ces pauvres brebis aux épines qui les déchiraient cruellement ; ils les délivreront de la dure oppression où ils gémissaient et, les plaçant sur leurs épaules, ils les porteront en triomphe dans les riches pâturages de l'Eglise catholique, où ils célébreront leur bonheur, en répétant les sublimes paroles du Prince des apôtres : *Vous étiez comme des brebis errantes ; mais maintenant vous avez retrouv le Père de vos âmes* (1), et alors, *il n'y aura plus qu'un seul bercail et qu'un seul Pasteur* (2).

D. DANIEL COMBONI, M. A.

(1) Saint Pierre, Epit. I, Ch. II.
(2) Ev. saint Jean, Ch. X.

Nous nous ferons un devoir de tenir nos Bienfaiteurs au courant des progrès de notre Œuvre en Europe et sur le sol africain.

Paris. — Typ. Walder, rue Bonaparte, 44.

www.ingramcontent.com/pod-product-compliance
Lightning Source LLC
LaVergne TN
LVHW050505160826
845677LV00003B/949